AF582111

# ADMINISTRATION MILITAIRE

# RÉPONSE

## A UNE RÉPLIQUE

DE

## L'INTENDANCE

*Fiat lux!*

2e Édition

PARIS

E. DENTU, LIBRAIRE-ÉDITEUR

Palais-Royal, 17 et 19, Galerie d'Orléans

1863

# RÉPONSE

A

## UNE RÉPLIQUE DE L'INTENDANCE MILITAIRE

*Fiat lux !*

## I

« Le droit est le fondement de toute société. Pour les individus, le droit c'est la liberté, le foyer, la famille. Pour les nations, le droit, ce sont les mœurs, la religion, la patrie.

« Défendre son droit, c'est défendre tous ces biens, c'est défendre sa vie.

« Malheureusement, le droit est toujours en butte à la violence; et son triomphe n'est assuré qu'autant qu'il s'appuie sur la force. La force qui protége le droit des nations, c'est l'armée. La force qui protége le droit des individus, c'est la Justice. »

Ces lignes, écrites par M. l'Intendant général Pâris de Bollardière (1), n'ont jamais peut-être trouvé une application plus juste et plus vraie que dans la question qui nous occupe.

Depuis la réorganisation des services administratifs de la guerre (1838), les droits des Officiers d'Administration ont été méconnus. Ceux-ci, se plaçant au-dessus des questions de personnes, ont invoqué le droit commun, en abritant leur cause derrière les questions de principes.

Ce n'est pas l'inférieur qui se révolte contre son supérieur, qui discute ses ordres, qui murmure contre leur exécution; non, rien de semblable ne se passe. Au contraire même, depuis que la polémique est engagée, les services administratifs n'ont peut-être jamais mieux fonctionné. Il n'y a donc pas, et il ne

(1) *Classification analytique et synthétique des actes constitutifs du Code de l'armée de terre*, 1862.

peut y avoir révolte, désobéissance, en un mot, ce qui constitue l'insubordination.

Les Officiers d'Administration usant, non de leurs droits d'Officiers (un officier n'a point le droit d'écrire sans l'autorisation du Ministre), mais de leurs droits de citoyens, ont pu, sans être en dehors des règlements, rechercher quel est le meilleur mode d'Administration militaire. Usant de leurs droits de contribuables, ils ont pu rechercher aussi la meilleure manière de contrôler l'emploi des impôts.

Ils ont cru trouver la solution de ce double problème dans la séparation du *Contrôle* et de la *Direction* des services publics. Ils ont soutenu cette thèse en la développant. Ils ont constaté que cette séparation n'existait pas dans les services de l'armée.

Qu'y a-t-il de répréhensible à cela?

Du reste, qui dit que ce soient les Officiers d'Administration qui aient engagé la lutte et qui la soutiennent? Ne peut-on défendre une cause sans y avoir un intérêt particulier et en n'ayant d'autre but que la sauvegarde des intérêts de l'Etat et le triomphe de la vérité et de la justice?

On nous a reproché de garder l'anonyme. Nous avons des raisons personnelles pour agir ainsi. La loi nous autorise à taire notre nom. Nous usons d'un droit en accomplissant un devoir. Quand il en sera temps, nous nous ferons connaître.

Quoi qu'il en soit, la discussion étant engagée, nous devons la continuer.

Toutes les fois qu'on attaque des abus, des priviléges, on trouve des gens intéressés à les perpétuer, par conséquent à les défendre. Ce sont toujours ces gens-là qui crient au scandale, au dénigrement, à l'insubordination, à l'insurrection! Les fonctionnaires de l'Intendance, intéressés à perpétuer leurs priviléges, ont cru devoir les défendre.

Le mot *privilége* indique par lui-même que cette défense n'était ni juste, ni légale. Le *privilége* est en effet la faculté de faire une chose ou de jouir d'un avantage qui n'est pas de droit commun. Or, pour défendre ce qui est en dehors du droit, pour défendre ce qui est injuste, on arrive bien vite à la violence. Les fonctionnaires de l'Intendance se sont laissés glisser sur cette pente. Ils n'ont pas reculé devant l'emploi de la violence, de la menace, sans compter le dédain superbe!

Ainsi :

Le *Moniteur de l'Armée* a refusé *par ordre* l'insertion des annonces faites pour propager dans le public et l'armée les idées nouvelles.

Des circulaires ont été lancées pour rappeler aux Officiers d'Administration qu'ils n'avaient point le droit d'écrire sans l'approbation du Ministre. Moyen facile d'étouffer toute discussion et de donner raison aux brochures émanant de l'Intendance.

Des Officiers d'Administration ont été menacés de punitions exemplaires, s'ils s'occupaient des brochures qui affirmaient leurs droits.

On a été enfin jusqu'à représenter, dans des conversations particulières, il est vrai, les comptables de la guerre comme des ignorants puisant à pleines mains dans les coffres de lÉtat et se gorgeant au splendide banquet du budget. On ne s'est pas aperçu qu'en répandant cette calomnie on venait apporter une preuve de plus à l'inefficacité du contrôle.

Violences, menaces, calomnies, rien n'y manque.

Niera-t-on qu'il y ait eu calomnie?

Le journal le *Siècle* nous apprend dans son numéro du 16 septembre dernier que des *fonctionnaires supérieurs de l'Intendance* se sont mis en rapport avec l'un de ses rédacteurs, M. Louis Jourdan; que, dans les conversations qui en sont résultées, de nouvelles attaques, attaques qu'on n'a pas osé faire par écrit, se sont produites.

L'honorable baron de Reiffenberg, dans sa nouvelle brochure « *l'Intendance Militaire* » (1), nous confirme les mêmes faits.

Les attaques des *fonctionnaires supérieurs de l'Intendance* se produisent dans l'ombre, elles portent atteinte à l'honneur des Officiers d'Administration, elles revêtent, en un mot, tous les caractères de ce qui constitue la calomnie.

Depuis longtemps, l'indépendance, l'esprit droit et éclairé, le caractère ferme de M. Louis Jourdan nous étaient connus. Nous ne sommes donc point étonné qu'il ne se soit pas laissé prendre aux démarches de certains fonctionnaires.

Leurs manœuvres cependant ne manquaient pas d'habileté. L'Intendance en était venue à renier son origine; elle faisait abandon de cinq siècles d'aristocratie, elle renonçait à ses quartiers de noblesse, elle se démocratisait, elle daignait dater de 1791, espérant ainsi qu'elle ne pourrait plus être attaquée par un journal qui défendait les principes de 89!

On nous a reproché la forme passionnée de notre langage. Nous nous adressons aux hommes de bonne foi et nous leur demandons s'il est possible de rester calme en présence de pareils faits. Heureux les caractères assez maîtres d'eux-mêmes pour souffrir, sans protester, de semblables actes! Pour nous, nous ne pouvons contenir notre indignation; nous ne pouvons nous empêcher de lui donner un libre cours, en signalant à l'opinion ces manœuvres déloyales.

« Le triomphe du droit, a-t-on dit, ne peut être assuré que « par la force. La force qui protége le droit des individus, c'est « la Justice. »

(1) Chez Tanera, 6, rue de Savoie.

La Justice !

On le sait, la Justice elle-même a besoin d'être défendue, d'être soutenue. Pour obtenir justice, nous avons recours à la publicité, à la presse ; c'est à elle que s anupnoucicrs d'Ade et protection pour défendre l'avenir des Ofinistiofids demdmaation, pour défendre leur vie ; car, on l'a dit aussi : « Défeanre son droit, c'est défendre sa vie. »

« Il est dans la destinée des idées nouvelles de soulever d'uni-
« verselles répulsions, dit encore M. Pâris de Bollardière; le
« temps, qui est l'élément de toutes choses ici-bas, est aussi la
« première condition de leur triomphe. Le mouvement diurne
« de la terre fut traité d'hérésie il y a deux siècles : c'est au-
« jourd'hui une vérité vulgaire (1). »

Nous poursuivons aussi le triomphe de la vérité. Nous espérons cependant qu'en cette circonstance nous aurons la satisfaction de voir nos idées triompher. Nous savons que nous vivons sous le gouvernement d'un souverain qui accueille tout ce qui est vrai, tout ce qui est juste, qui prend la défense du faible contre le fort; nous savons, en un mot, comme l'a dit un de ses Ministres : « Que l'Empereur des Français est l'*homme le plus libéral de son siècle !* »

Puissent nos espérances n'être point déçues et nos légitimes plaintes arriver jusqu'à lui !

## II

Nous avons été amené à faire les réflexions qui précèdent, par l'apparition d'une nouvelle brochure, ayant pour titre : ***Réplique aux attaques contre l'Administration Militaire.***

C'est la deuxième.

Elle ne diffère de la première, dont nous nous sommes déjà occupé (2), que par la forme. Son auteur a voulu jeter de la poudre aux yeux, éblouir ses lecteurs par la magie de son style. Il a employé pour cela de grands mots, de grandes phrases, des périodes sonores, des métaphores brillantes. Pour déguiser la faiblesse de ses arguments et la pauvreté de la cause qu'il défend, il a émaillé sa prose de fleurs de rhétorique, le tout

(1) *Essai du Code militaire*, 1848, page 134.
(2) *Réponse à nos Contradicteurs.* Contrôle et Direction des services administratifs de l'Armée de terre (Dentu).

assaisonné de plaisanteries hasardées, d'insinuations malveillantes, de menaces, de citations tronquées.

Qu'on lise nos brochures précédentes, qu'on les compare à celle dont il s'agit, et l'on verra de quel côté se trouvent le droit, la justice et la raison.

L'Administration de l'Armée, disent nos contradicteurs, n'a pas besoin d'être réorganisée. L'Intendance en est satisfaite : cela suffit. Dans la question pendante, les livres, les écrits, les travaux des hommes d'expérience, fussent-ils même de notre caste, ne servent à rien. Les citations qu'on en fait ne prouvent rien. Bail, Sainte-Chapelle, Denniée, Volland, Vauchelle, Marchant de la Ribellerie, de Cabanel, Worms de Romilly, Dagnan, Leclerc, Pâris de Bollardière, Durat-Lassalle, sont des rêveurs, des utopistes, des fous! Ce qu'ils disent sur l'origine des Commissaires des guerres, sur leurs attributions, sur la Direction des services de la guerre, sur le Contrôle, sur les causes et les inconvénients de la confusion des attributions, sur le recrutement regrettable de l'Intendance, sur son insuffisance, sur la position fausse des Officiers d'Administration, tout cela, utopies! divagations! *trucs!* (*sic*).

Peut-on, du reste, ajoutent-ils, discuter avec des gens qui manquent de respect à l'Empereur « en affectant de ne le désigner que sous cette appellation banale de Chef de l'Etat (1) ? » Comment voulez-vous qu'on s'intéresse à des Officiers d'Administration mettant en doute la prévoyance, l'intelligence, la capacité des fonctionnaires qui ont su trouver en Italie des ressources pour nourrir l'Armée française; car, en Italie, pays fertile et abondant, ces administrateurs habiles sont arrivés à nourrir les hommes comme on nourrit les chevaux, avec de la farine de maïs, quand des milliers de rations de pain pourrissaient dans les magasins. Ils ont fait plus, ces Administrateurs dont on nie la prévoyance : pour simplifier les distributions, ils n'ont plus distribué de vivres aux troupes, de sorte que celles-ci, suivant l'expression de M. Pâris de Bollardière « *rencontrant sur les routes des voitures destinées à remplir les magasins, les arrêtaient sans autre forme de procès* (2). »

Notre modestie, disent-ils, s'oppose à ce que nous entendions le récit de nos opérations. Vos Officiers d'Administration, à ce titre, nous sont « incommodes et insupportables. » Bien que nous ayons fait tout notre possible pour amoindrir leur instruction,

(1) Ces paroles sont textuelles et donnent la mesure de la loyauté de notre adversaire. Est-il nécessaire de dire que jamais il ne nous est venu à l'esprit que cette expression : « *C'est au chef de l'Etat* » pût être interprétée comme un manque de respect à la Majesté impériale? On avouera que si des *trucs* sont employés, c'est par les hommes qui cherchent à dénaturer ainsi les expressions et les intentions de ceux qui les combattent.

(2) *Récit des Opérations administratives pendant la campagne d'Italie*, en 1859.

pour détruire leur intelligence et leur clairvoyance, ils y voient encore trop clair; qu'ils prennent garde! S'ils continuent à parler d'eux-mêmes, nous les remplacerons par des gens parfaitement illettrés. Nous voulons qu'on sache bien que nous sommes la force vive et l'intelligence de l'Armée (1), la fleur de l'état-major général, *un choix de tant de choix* (sic), le superlatif, le *nec plus ultra* des administrateurs.

Nous nous demandons si de pareils moyens, si des arguments qui conduisent aux conséquences que nous venons de déduire méritent d'être sérieusement discutés?

## III

Tant qu'il était question de menaces, d'insinuations, l'auteur auquel nous répondons était dans sa sphère et se trouvait à son aise; mais, arrivé à la discussion des principes, il hésite, il tourne dans un cercle vicieux. Il a beau pressurer les mots pour en extraire des arguments à opposer aux nôtres, il s'épuise en vains efforts et arrive à formuler les conclusions suivantes :

Il existe une anomalie dans l'organisation des services administratifs. Pour arriver à la détruire, il faut : « Créer un corps « d'Administration chargé de contrôler, en vertu de la délégation « du Ministre de la Guerre et sous l'autorité des Intendants « Généraux Inspecteurs, les actes accomplis par les fonction- « naires de l'Intendance Militaire, en leur qualité de Directeurs « de service. Ce contrôle serait permanent; il s'exercerait sur la « direction comme sur la gestion, sur les actes qui engagent « comme sur les actes qui consomment la dépense, et il fonc- « tionnerait dans toutes les conditions d'indépendance néces- « saires pour être efficace, parce qu'il resterait étranger à la « préparation comme à la consommation des faits (page 15). »

Est-ce clair? et la nécessité de séparer la Direction du Contrôle peut-elle être mieux indiquée?

Il était donc inutile de discuter sur les attributions des commissaires des guerres et sur le plus ou moins d'à-propos de nos citations, puisque vous-même arrivez à formuler nos conclusions.

(1) Un procès-verbal que nous avons entre les mains constate que, dans une soirée donnée à l'Intendance, le 29 septembre 1859, au palais Scotti, à Milan, le toast suivant a été porté par un fonctionnaire de l'Intendance : « Aux dames de l'Intendance, élite de leurs compagnes, comme l'Intendance est la force vive et l'intelligence de l'armée. » (*Textuel.*)

Ce sont aussi celles de la brochure du baron de Reiffenberg(1); ce sont encore celles d'un administrateur en retraite, dans sa brochure *l'Administration et le Contrôle* (2).

Nous sommes tous d'accord sur ce point. La question principale est résolue. Il est reconnu que, pour assurer la marche des Services administratifs, il faut le concours de trois actes bien différents. Ces actes s'appellent Gestion, Direction, Contrôle.

La Gestion doit être soumise à la surveillance de la Direction, elle doit en recevoir l'impulsion — Diriger veut dire Régler.

La Gestion et la Direction doivent être soumises au Contrôle. Ce Contrôle doit être indépendant.

Nous n'avons jamais émis d'autres principes.

La polémique que nous avons engagée pour les faire triompher n'aura pas été inutile, puisque nous sommes arrivé à constater l'unanimité des opinions.

Il nous reste à examiner une question qui, pour être secondaire, n'en est pas moins très-importante.

## IV

Le problème peut être posé ainsi :

Les directeurs des Services Administratifs (Hôpitaux, Subsistances, Campement) doivent-ils être choisis parmi les Officiers d'Administration gestionnaires ou parmi les Capitaines de l'Armée ?

Notre contradicteur répond : « Parmi les Capitaines de l'Armée, » et, partant de là, il laisse l'Intendance telle qu'elle est organisée aujourd'hui. « Il attache des membres » aux Intendants Généraux Inspecteurs, et crée ainsi le nouveau Corps du Contrôle.

Cette solution est adroite. C'est une manière de doubler la puissance de l'Intendance, puissance dont nous avons démontré le danger, puissance dont le commandement doit empêcher l'accroissement. C'est une façon habile, tout en ayant l'air de faire des concessions, de conserver la Direction, ce qui nous explique l'acharnement que l'on met à dénigrer, à déconsidérer les Officiers d'Administration.

Non-seulement il est de l'intérêt du commandement, mais en-

(1) *L'Intendance militaire* (Tanera).
(2) Dentu (Palais-Royal).

core il est de l'intérêt du service que la Direction ne reste point dans les mains de l'Intendance.

Il est nécessaire, il est juste, il est rationnel de confier la Direction des Services administratifs aux Officiers d'Administration gestionnaires, c'est-à-dire qui ont été gestionnaires ; car, une fois devenus Directeurs, ils ne pourront rétrograder, ni être chargés de gestions.

Leurs fonctions, leurs attributions ne seront autres, en un mot, que celles des fonctionnaires de l'Intendance chargés aujourd'hui de la Direction des services.

Avant d'aller plus loin, entendons-nous sur la valeur et sur la signification des mots.

On a comparé les Officiers d'Administration à des Gardes. Nous tenons les Gardes du Génie et les Gardes d'Artillerie pour des hommes honorables, dévoués et intelligents, et ce ne sera point les dénigrer que d'établir une comparaison entre leurs fonctions et celles des Officiers d'Administration.

Garde signifie gardien, surveillant, conservateur ; c'est celui qui garde, qui tient sous sa garde une chose, qui veille sur cette chose pour la conserver.

Gérant se dit de celui qui gouverne, qui conduit, qui gère, qui administre pour le compte d'autrui, pour le compte des particuliers ou de l'État.

Agent se dit de tout ce qui fait une action. Un agent comptable est celui qui, dans une administration, est chargé de la comptabilité et du maniement des fonds.

Il y a eu dans les Services administratifs des *Agents* et des *Gérants ;* on les a transformés en Officiers d'Administration.

L'Officier comptable réunit aujourd'hui les deux fonctions, les deux attributions de l'Agent comptable et du Gérant. Il y joint de plus celles du Garde. Non-seulement, comme le Garde, il conserve, il garde des denrées ou matières, mais il les emploie, il les manipule, il les transforme, il les distribue et il en justifie l'emploi au Ministre de la guerre et à la Cour des Comptes. Bien plus, les ordres émanant de l'Intendance ne peuvent atténuer sa responsabilité (art. 6 du Règlement du 1er septembre 1829), son cautionnement est là pour répondre de ses opérations.

« Une dépense doublement justifiée par la production des « pièces et par l'autorisation du Sous-Intendant militaire peut « très-bien être rejetée par la liquidation ministérielle, et reste « à la charge du Comptable, si le Conseil d'État n'intervient « pas pour lui faire justice (1), » a écrit M. Pâris de Bollardière.

Ajoutons qu'il existe des Circulaires ministérielles, des arrêts même du Conseil d'État qui tranchent la question en faveur du Ministre, se fondant sur ce que le Comptable, provoquant les ordres et les autorisations de l'Intendance militaire, est responsable des conséquences qu'ils entraînent. (Recueil des arrêts du Conseil d'Etat, année 1847, page 367.) Les procès-verbaux même, dressés par les fonctionnaires de l'Intendance, ne déchargent pas le Comptable de toute responsabilité, lors même que les termes du procès-verbal sont formels à cet égard. (Arrêt du Conseil d'État, 11 novembre 1853.)

Que penser de la Direction de l'Intendance militaire et de son *initiative féconde?*

Il y a donc un abîme entre le Garde et l'Officier d'Administration, quant aux fonctions.

On ne s'avance pas trop, par conséquent, en disant que l'Officier comptable doit être mis sur la même ligne que les chefs, que les supérieurs des Gardes (Directeurs d'Artillerie et du Génie), puisque, dans sa sphère, il accomplit les mêmes devoirs, et que les mêmes obligations lui sont imposées.

Cette prétention paraîtra bien plus fondée lorsqu'on saura que les Officiers comptables commandent et administrent souvent des hommes recrutés par la voix des appels et de l'engagement, des militaires, des soldats, — nous croyons que c'est le mot, — organisés en sections ou compagnies formant corps, dont l'effectif est souvent plus élevé que celui d'un bataillon d'infanterie. L'Officier d'Administration devient donc chef de corps.

Il n'a pas, comme on l'a dit, rompu avec la hiérarchie du commandement, lorsque, sous-officier, il est entré dans les services administratifs. Tous, du reste, ne sortent pas des sous-officiers des régiments. Suivant la loi, la moitié, suivant ce qui se passe le plus ordinairement, plus de la moitié des élèves d'Administration appartiennent aux sections ou compagnies des troupes d'Administration, où ils sont entrés par l'engagement, et même par le tirage au sort, en vertu de la loi sur le recrutement. Ceux-ci ont donc débuté dans l'Administration comme simples soldats. Ils n'ont donc pu changer de route. Partis comme soldats, ils deviennent ou peuvent devenir dans la même arme Comptables, commandant une section de 600 hommes (1)

(1) A ce propos, on a déjà signalé ailleurs une anomalie choquante et qui existe cependant depuis plusieurs années. Un officier d'administration comptable, chef d'une section, d'une compagnie, d'un corps de 600 hommes, tirant l'épée pour les commander sous les armes, n'a pas droit au salut, aux honneurs que tout soldat rend à ses supérieurs, que l'ouvrier d'administration, l'infirmier, le commis aux écritures rend aux caporaux, aux sous-officiers placés entre lui et son commandant. Un sous-officier, un caporal, meurent; ils ont droit aux honneurs funèbres prescrits par les règlements L'officier d'administration, commandant 600 hommes, meurt; s'il n'est point décoré de la Légion d'honneur, aucun honneur ne lui est rendu. Ces honneurs, ces marques de déférence et de respect, sont rendus, cependant

Niera-t-on qu'à ce titre le Comptable puisse être placé sur la même ligne qu'un Capitaine de l'Armée, commandant une compagnie de 100 hommes?

Mettra-t-on en doute ses connaissances en administration militaire? Les mettra-t-on en parallèle avec celles d'un capitaine, trop jeune même pour faire partie du Conseil d'Administration de son régiment?

Remarquons en passant que, si nous parlons ainsi, ce n'est point pour amoindrir les connaissances du capitaine. Nous constatons des faits.

Or, c'est parmi ces Comptables qu'on devra choisir, selon nous, les Directeurs des services Administratifs, de préférence aux Capitaines de l'Armée.

Nous avons donc à établir une comparaison, non pas entre un Capitaine et un Sous-Officier Élève d'Administration, mais entre un Capitaine et un Officier Comptable d'Administration, ayant fait *tous deux* « leur stage dans les fonctions du commandement; » mais dont l'un, l'Officier d'Administration, a fait de plus un stage dans les fonctions de l'Administration, dans les fonctions de la Direction des serices Administratifs.

Qui pourrait hésiter entre ces deux hommes? N'est-il pas rationnel, n'est-il pas logique, n'est-il pas juste de choisir celui qui a déjà géré, régi, gouverné, administré? L'Officier d'Administration n'est-il pas plus apte que le Capitaine de l'Armée à diriger, à régler les services administratifs?

Sans doute le premier « a manipulé et fait manipuler de la farine, de la laine, du cuir, » il a pratiqué, en un mot; et c'est précisément cette pratique qui vient militer en sa faveur. *Fabricando fit faber*. — S'il ne possède pas la Métaphysique, comme on le lui a reproché, il possède une science bien plus utile, bien plus nécessaire : il a acquis l'expérience des choses et des hommes.

Insister sur une pareille question serait faire injure à l'intelligence de nos lecteurs. C'est un fait acquis que le Comptable, concourant avec le Capitaine pour l'emploi de Directeur des services administratifs, l'emportera toujours sur celui-ci, de même qu'un Officier d'Administration des bureaux de l'Intendance, concourant avec le Capitaine pour l'emploi de fonctionnaire du Contrôle, de Sous-Intendant Militaire, l'emportera encore sur lui. A chacun son métier. *Suum cuique!*

Conservons les spécialités. La bonne exécution des services est à ce prix

naires de l'Intendance qui se sont réservé une certaine action sur les troupes d'administration, mais qui ne peuvent, en aucun cas, prendre le commandement ni tirer leur épée, qui est rivée au fourreau.

Faut-il en conclure, comme on nous l'a fait dire, que les Commissaires de Guerre fussent « des tas d'ignares! »

D'abord les Commissaires de Guerre ne sortaient pas des Capitaines de l'Armée, et ils avaient pu, par suite de leur recrutement, acquérir les connaissances théoriques et pratiques si nécessaires à un administrateur.

De plus, loin de les qualifier d'ignares, nous avons été obligé de les défendre contre les attaques des fonctionnaires de l'Intendance, et de rappeler ceux-ci au respect qu'ils doivent à leurs prédécesseurs (1)

Est-ce à dire que les Capitaines de l'Armée soient : « des incapables, des imbéciles, des ineptes? » Loin de nous cette pensée.

Ce sont des *inaptes*.

Personne plus que nous n'honore et ne respecte ces Officiers, ne rend justice à leur énergie, à leur dévouement, à leur désintéressement, à leur abnégation, à leur probité, à leur bravoure, à leur esprit élevé ; mais on nous permettra d'ajouter que toutes ces qualités ne tiennent pas lieu de la pratique des affaires et des opérations administratives.

Nous pensons que les Ecoles spéciales militaires n'ont pas été créées pour former des Directeurs des services administratifs, mais de braves officiers, de savants tacticiens, de grands manœuvriers, aptes à gagner des batailles et à faire respecter le drapeau de la France partout où il lui plaît de se montrer; aptes à diriger les opérations militaires auxquelles se lient si étroitement les opérations administratives, qu'elles ne peuvent en être séparées.

Et c'est précisément pour les aider dans l'accomplissement de leurs devoirs d'Administrateurs que nous plaçons près d'eux des hommes pratiques, des hommes d'expérience, sur lesquels ils pourront compter comme sur eux-mêmes; des hommes qui ont une connaissance approfondie des détails d'Administration sans la connaissance desquels on ne peut coordonner les dispositions et les mouvements d'approvisionnements.

Le Commandant ordonnera; le Directeur dirigera, règlera et deviendra responsable de l'exécution des ordres donnés.

Alors plus d'hésitations, plus de conflits, plus d'abus de pouvoir, plus d'entraves dans l'exécution des services.

Et maintenant relèverons-nous les insinuations portées contre les Sous-Officiers de l'Armée qui embrassent la carrière administrative?

Est-il nécessaire de dire que les Sous-Officiers qui entrent dans les Services administratifs ignore les déboires qui les attendent, qu'ils y arrivent en moyenne à vingt-sept ans,

(1) Voir pages 10 et 18 de : *Réponse à nos Contradicteurs*, etc.

alors que le désespoir de ne pas obtenir l'épaulette n'a pu s'emparer de leur esprit, puisque, dans les circonstances ordinaires, un Sous-Officier ne peut espérer l'épaulette qu'après douze ans de bons services?

Les Sous-Officiers proposés par leur Colonel pour l'emploi d'Elève d'Administration sont choisis parmi les plus intelligents et les meilleurs sujets du régiment, parmi ceux qui deviennent officiers. Leur folio de punitions est souvent immaculé. Un examen sévère est fait de leur conduite et de leur capacité. Si l'on n'exige d'eux que de savoir mettre l'orthographe, de savoir rédiger (une composition écrite leur est demandée), de répondre à des questions d'Administration, on n'exige pas d'eux qu'ils n'en sachent pas davantage. Nous connaissons dans l'Administration bon nombre d'Officiers bacheliers ès-lettres et ès-sciences qui sortent des Sous-Officiers. Les instructions données aux Généraux et aux Intendants, sur le recrutement des Elèves d'Administration, sont impératives, en ce qui concerne surtout la conduite et la moralité des sujets.

Pour plus amples détails, du reste, nous renvoyons à une brochure de M. l'Intendant Militaire Dagnan, qui remonte déjà à 1834. C'est cet honorable fonctionnaire qui, le premier, a eu l'idée de recruter les Officiers d'Administration, moitié par les Elèves des Ecoles Militaires, moitié par les Sous-Officiers de l'Armée.

On n'a mis à exécution qu'une partie de son projet.

Dans quel but?

La réflexion suivante, dont nous garantissons l'authenticité, faite par un Sous-Intendant, vient nous l'indiquer : « Il ne faut pas trop bien composer le cadre des Officiers d'Administration, car il faudrait ensuite compter avec eux. »

Voilà tout le secret de l'opposition que l'on rencontre dans l'Intendance à l'application des réformes que tout le monde reconnaît urgentes.

Ces faits, ces injures gratuites et imméritées dirigées contre les Sous-Officiers de l'Armée ne prouvent-ils pas que l'Intendance regarde les Officiers d'Administration comme composés d'un autre limon que ses fonctionnaires? Ne voit-on pas percer, comme nous l'avons dit, cette idée d'établir deux catégories, deux castes dans l'Administration Militaire?

« Vous avez pris à gauche, dit-on aux Sous-Officiers ; vous avez renversé votre giberne et jeté les étoiles qu'elle renfermait! » Mais est-ce que les Capitaines, en jetant leurs épaulettes, n'ont pas aussi pris à gauche? Pourquoi alors seraient-ils plus privilégiés que les premiers, et que ceux surtout qui ont débuté comme simples soldats dans l'Administration, et qui ont été, par conséquent, droit devant eux?

Les Capitaines ont-ils, du reste, de meilleures raisons que les Sous-officiers pour justifier leur vocation administrative?

Est-ce qu'on renonce ainsi au prestige du commandement, aux fumées de la gloire sans arrière-pensée?

La plupart sont devenus, du jour au lendemain, administrateurs, pour se soustraire aux fatigues de la guerre.

D'autres sont entrés dans l'Intendance par ambition, sachant que leur avancement serait plus rapide que dans l'Armée.

Peu d'entre eux ont songé, avant de ceindre leur écharpe, aux sérieuses obligations qui leur seraient imposées.

Beaucoup ont vu dans l'Intendance *une planche de salut.*

« J'étais Capitaine d'État-Major, dit M. Pâris de Bollardière, aide de camp du Général Damremont, tué sur la brèche de Constantine, en 1837. *Privé d'un chef dont la paternelle affection était mon seul appui, je quittai la carrière du commandement pour celle de l'Administration* (NAÏF AVEU!), et je fus nommé adjoint à l'Intendance en 1838. Je n'étais pas préparé pour mes nouvelles fonctions; mais je partageais, avec le plus grand nombre des Officiers de l'Armée, l'opinion que, de toutes les sciences, celle de l'Administration était la plus facile, et qu'un sens droit, guidé par des intentions loyales, suffisait pour l'aborder dans sa théorie comme dans ses applications. Mes illusions furent courtes, et quand elles furent dissipées, mon embarras fut extrême. . . . . . . . . . . . . . . . . . . . . . . .

. . . . . . . . . . . . . . . . . . . . . . . . . . . . . . . . .

« Je devais fonctionner cependant; je devais diriger l'administration d'un régiment, surveiller la gestion de plusieurs établissements du matériel, répondre à toutes les questions qui se produisent dans la pratique des fonctions de l'Intendance Militaire, et qui se rattachent de près ou de loin à l'universalité des dispositions dont le *Journal Militaire* est encombré.

« J'étais tombé dans un piége! Mes premiers efforts pour en sortir consistèrent à composer un recueil qui contenait les dispositions réglementaires les plus usuelles. Ce travail me fût d'un faible secours, parce qu'il était incomplet; je l'agrandis, et j'en trouvai encore le cadre trop étroit (1). »

Nous ne connaissons pas de réponse plus péremptoire aux attaques dont les Officiers d'Administration ont été l'objet. M. Pâris de Bollardière confirme toute notre argumentation dans les lignes que nous venons de citer.

(1) *Classification analytique et synthétique des actes constitutifs du Code de l'armée de terre*, 1862 (Introduction, page LXIX).

## V

Notre tâche est remplie. Nous croyons avoir réfuté l'argumentation de notre contradicteur. Nous avons démontré qu'aucun motif sérieux n'a été produit contre la séparation du Contrôle et de la Direction des services administratifs de la guerre.

Tout le monde, au contraire, est d'accord sur la possibilité et la nécessité de cette séparation ; car c'est toujours vers ce résultat que nous avons ramené la discussion. Plusieurs fois on a voulu nous écarter du point culminant de la polémique. Nous nous sommes souvenu des paroles du général Lamarque :

« J'éviterai de descendre dans l'arène des personnalités, où « l'on rougit toujours des coups que l'on porte, des blessures « que l'on fait. »

Nous avons évité et nous éviterons toujours de nous laisser entraîner sur ce terrain brûlant.

Ainsi donc, tout jusqu'ici est venu prouver que la séparation du Contrôle et de la Direction intéresse au plus haut degré la justice, la morale, l'égalité, c'est-à-dire la société, les finances, le contribuable, l'armée, le soldat, c'est-à-dire la France entière.

La raison, l'expérience, le bon sens, la logique, viennent aussi démontrer que, si le Contrôle doit être confié aux fonctionnaires de l'Intendance actuelle, la Direction des Services administratifs doit être confiée aux Officiers d'Administration.

L'expérience dure depuis plusieurs années. Elle a prouvé que l'Intendance est une création regrettable, un essai malheureux, une institution qui n'a pas rendu tous les services qu'on était en droit d'en attendre, par suite des vices mêmes de sa constitution.

Elle n'a pas été un progrès, au contraire!

L'Intendance elle-même a été amenée par notre polémique à reconnaître les vices de son organisation. Pourquoi ne consent-elle pas à ce qu'on les fasse disparaître, puisqu'elle avoue qu'ils existent?

Pourquoi ?

Parce qu'elle savait que les réformes, qui sont la conséquence du mal, devaient détruire son prestige et démontrer son inutilité comme corps dirigeant.

Ses fonctionnaires avaient tout intérêt à dissimuler la nécessité d'une réorganisation, et il leur a été facile de le faire. Ils sont juges et parties.

Car, non contents d'avoir un Comité d'Administration composé exclusivement d'Intendants, le sous-directeur de l'Administration est un Intendant ; le Directeur, encore un Intendant ; le Directeur de la Comptabilité générale, un Intendant, toujours un Intendant !

Partout, depuis le dernier jusqu'au premier échelon des services de la Guerre, se trouvent des fonctionnaires intéressés à exalter les résultats de leur administration, à les présenter au Ministre, à l'Empereur sous un jour favorable.

Chargés d'étudier les questions d'Administration, ils les traitent toutes au point de vue étroit de leur intérêt, de leur considération, de leur puissance.

Ce qui fait qu'au lieu de progresser, l'Administration Militaire *se cristallise*, suivant l'expression d'un prince éminent.

Il est temps qu'on soit fixé sur le véritable rôle de l'Intendance et sur son utilité réelle ; qu'on sache bien que, comme dans la fable des Bâtons flottants :

« De loin c'est quelque chose, et de près ce n'est rien ! »

Il est temps de revenir aux anciennes institutions, de tenir compte de l'expérience acquise, en les modifiant pour les mettre au niveau des exigences actuelles.

« Les institutions Militaires ne s'improvisent pas, a écrit « M. Pâris de Bollardière ; chaque progrès y est le résultat d'une « leçon, et, dans l'art de la Guerre, une leçon est toujours un « désastre.

« Gardons-nous de mépriser le passé et de balayer le sol sur « lequel les efforts des siècles ont péniblement élevé notre édi- « fice militaire. Les terrains formés d'alluvions sont les plus fer- « tiles ; si leur séve se dessèche, si l'épuisement les tarit, il suffit « de les retourner pour les rendre à leur activité première (1). »

A l'œuvre donc ! Labourons le champ fertile de l'Administration Militaire ! que le soc de la charrue y coupe en même temps les plantes parasites ! Une pareille entreprise ne sera pas sans gloire pour celui qui la mènera à bien !

(1) *Essai de Code militaire*, 1848, page 7.

26850 Paris. — Imp. Renou et Maulde, rue de Rivoli, 144

www.ingramcontent.com/pod-product-compliance
Lightning Source LLC
LaVergne TN
LVHW050516160826
845677LV00003B/1174

* 9 7 8 2 3 2 9 6 3 5 7 4 3 *